그날

그날

이원문 시집

책나무출판사

목차

1부

2부

3부

4부

• 1부 •

우정의 오월

오월 끝무리의 파란 하늘
저물던 그 오월 오디 벚 익어 갔고
달콤한 맛 못 잊어 뽕나무 찾아 나섰지
이리 갈까 그 곳에 가 볼까
벚은 조금 더 기다려야 하고
오디는 먹을만큼 검푸르게 익어었지

보리밭 지나는 길 보리는 안 보았을까
동무 알게 모르게 곁 눈으로 보았고
뻐꾹새 울음에 찾고 찾는 뽕나무
산딸기 넝쿨에 찾는 보람 흐뭇했고
오디 한 입 한 줌 따 나누던 동무
동무의 모습 그리워 그날을 찾는다

섬집

날마다 뜨는 해
지는 해는 안 그런가
크고 작은 파도 소리
담 넘어로 들어 오고
가까워 오는 갈매기 울음
파도 따라 들어 온다

적막의 오막살이
먼 바다의 수평선
오늘도 그 하늘
썰물에 더 외롭고
다음 물이 언제 될까
고깃배 기다린다

뻐꾹새의 하늘

뻐꾹새가 읽어 주는 가혹한 운명의 길
등에 업힌 어린애가 어떻게 알겠나
석삼년에 가는 세월 아이 울음에 섞이고
구름이 알리는 시간 뽕잎에 젖어 든다
멀어지는 뻐꾸기 울음 칭얼대는 내 아이
팔자라 하는 옛 말이 누구의 운명을 말 하나
마디마다 빨간 오디 검푸르게 익어 간다

마지막 봄

찬 서리에 매화꽃 진달래로 맞이 했던 날
울 밑의 개나리 노란 띠 둘렀고
담장 길 라일락 추억을 부르더니
그 다음은 찔레에 아카시아 벚꽃이라 할까
양지 녘에 작은 꽃들 봄 끝자락에 졸고 있다

그렇게 저렇게 떠나는 봄에 지는 꽃들
어느 꽃이 눈에 들어 오고 안 들어온다 할까
이제는 그마저 절기 끝에 매달려
뻐꾹새 울음에 하룻밤이 짧다
기다리지 않아도 오고 가는 것이 계절인가

찾아온 뻐꾹새 며칠이나 머무를지
뜸북새 찾아 오면 얼마나 뜨거워질 것이고
텃밭에 옥수수 잎 세월 젓는 날
모기 쫓는 한 세월 그 여름 밤이 깊어 갈까
떠나는 봄 찾은 여름 제비 집 올려본다

연못의 여름

연꽃은 없어도
잉어 떼 즐겁고
무엇이라도 얻을까
가까이 다가 온다

이리 오면
이리 따라 오고
저리로 가면
저리로 따라 오고

금잉어 먹잉어
떼 짓는 연못
연꽃 띄우는 날
구름도 어리겠지

미련의 노을

노을이 모으는 날
다 어디 갔나
미움만 남아
그리움에 쌓이고
약속의 지난 날
눈시울 붉힌다

잊으면 잊혀질까
지우면 지워질까
못 잊고 지우지 못하는
그 아름다운 날
홀로 남아 쓸쓸히
노을 빛에 젖는다

유월의 꽃

기다린 듯 유월의 꽃
어느 꽃을 찾을까
냇가로 가면 냇가의 꽃
들길 찾아 걸어가면
늘 보았던 들꽃이 피었을 것이고

이름이나 아나
어느 꽃이 눈에 들어 올지
그저 고향의 꽃 이름
개망초 크로바뿐
더 무엇 어느 꽃 이름을 알고 모를까

부르는 이 이름마다
모두가 다른 꽃
감자밭 지나면 흰 감자꽃
이름 모를 그 많은 꽃
눈 안의 꽃 모두 추억의 꽃이라 부르고 싶다

뽕밭의 하늘

넉 잠에 누에의 일생
섭에 오르는 것이 모두인가
하늘 한 번 못 보고 그렇게 가는 일생
뽕잎에 묻은 꿈 다음은 있는지
뻐꾹새가 헤아리는 누에의 한세월
뽕밭의 이 몸과 무엇이 다를까

아가야 울지마라 에미 눈에 눈물난다
등에 업혀 우는 네가 무엇을 알겠니
팔자가 그렇다면 어쩔수 없는 것
구름만이 아는 인생 두 번의 팔자는 있는지
해 기울어 저문 하루 뻐꾹새 울음 멀어지고
늦을 저녁 집 생각 누가 나를 기다릴까

유월의 낭만

아직은 초여름
삼복 더위에 얼마나 뜨거울까
춥지도 않고 덥지도 않은 유월
때 찾느라 피는 꽃은 어떻게 아는지
산 기슭에 뻐꾹새 울음까지
이맘때의 그날 고향 생각에 머문다

언제 그랬더냐
드러난 논 바닥 메우는 벼잎새들
논 가운데 뜸북새는 안 찾았을까
앞 논에 맹꽁이 밤이면 개구리울음
초저녁 뒷문 밖 청개구리 울음
부침게의 그날 잃어버린 고향 다시 찾는다

텃밭의 유월

이것들이 싸우지나 않고 잘 지내는지
뒤 텃밭에 무엇을 심어 한여름을 지내나
아이들 내려 오면 푸성기 뭐 심었냐 물어볼 것인데
손주 놈 오면 입에 넣어 줄 것도 심어야 하고
크지 않은 이 텃발 가지에 오이 옥수수는 심었고
참외 한 고랑 수박 서너넝쿨 그것 가지고는 않될텐데

열무는 얼마나 상추에 시금치 좀 더 심을까
그것들이 사 먹으면 되렴만
에미에게 응석 하느라 마구 달라고 떼 쓰겠지
망할것들 뺀질이에 커서 그렇게 속   히더니
이제 에미 생각 좀 하겠지 저희들이 살어 보니 인생을 알고
오는 장날 호미 하고 무 배추 씨앗이나 사야겠구나

도라지 언덕

이 산 기슭에 오르기를
도라지만 캐러 왔을까
보이는 산 하늘 더 멀리 멀어지고
실가닥 외로움 그 봉우리에 걸쳐진다

이 산 바라보면 이 산도
저 산 바라보면 그 산도
이리 쓸쓸히 바라보아야 하는지
아무도 없는 기슭 들려 오는 새소리뿐

무엇 찾아 여기에 왔나
찾는 것 없이 찾아온 산
도라지는 보이는데 꽃만 보이고
하얀 꽃 보라의 꽃 한 송이 따 손에 쥔다

삯 바늘의 정

어멈 오늘 뭐하니
일이 있거들랑 미루고
나 하고 바느질 좀 하자
나는 이제 눈이 어두워
바늘 귀가 안 보여
이것이 세월이고 늙음이니
아범 보고도 내가 그래더라 해
저녁 나절 풀 한 짐 베어 오라고 하고
이웃 좋다 하는게 뭐니 다 이렇게 사는거지
그리고 내년에는 그 붙이는 논 말고 더 줄께
뒷산 길 다랑이 논 너희가 붙이려무나
할에비인지 뭔지 이제 농사 짓기 싫은가보다
겉으로 돌고 잔소리만 해 쌓으니
속이 상해도 말릴 수가 없구나
그래도 내가 해야 할 도리는 해야지
내일 모레 장날 장에 간다 하니
오늘 이불 좀 꿰메고 두루마기 좀 짓자
안 할려고 해도 남들이 나를 흉봐
뭘 먹었는지 김치 국물이나 흘리고
사야 할 것도 없는데 장에 간다 하니

또 그 주막집에 미쳤나보다
글쎄 말을 하면 뭐하니 이 속썩는 것을
언제인가 한 번은 이틀을 집에 안 들어 왔어
남이 볼 때에는 잘 사는 것 같아도 아니여
그게 아니여 이 속 는걸 누가 알겠니
나도 이 세월 저 세월 그 시집 살이에
아이 없다 구박도 그런 구박이 어디에 있니
식구 많어 빨래도 그렇고
부엌에서 나오지 못 하고 살었어
오죽하면 머슴애가 도망 갔나
그런 이 집에 와 그렇게 살었어
다행이 늦둥이 둘 건져 그 구박은 면했고
뒷 밭에 숨어 울기도 많이 울었지
고자질쟁이 시누 때문에 더 힘들었고
여자는 그저 손해 보는게 여자여
참아야 된다 삭혀야 하고
밤 낮 없이 계절마다 흘린 눈물이
아마 한강 물 보다 더 많이 흘렸을거다
때 되면 바쁜 일손 겨울은 안 그런가
그 빨래에 밤새도록 다듬이질에 옷 깃고 양말 꿰메고

아이는 그리 보채고 우는지 젖이 적어 밥물 찧어 먹였어
어멈아 어멈 시집 올때 어떻게나 이쁜지
나도 저런 딸을 두었으면 했는데
어멈아 너희 사는 것 내가 모르는 것 같아도
뻔히 들여다 보고 살었지
뭐 좀 주려고 해도 이 집 식구 눈치 보느라 못 주었어
너희 그 어려울 때 쌀 됫박이나 퍼 주어도
됐었을 것인데 늘 마음에 걸렸지
지금은 안 그런가 없는 것 많으니 지금도 그럴테지 뭐
인생이 별거더야 이렇게 살다 늙어
병들어 죽는 것이 인생이여
내가 암만 있어도 이웃 너의 집 의지 하고 살었어
그 공 왜 모르겠니 너희 무시하는 년덜
내가 혼내주기도 했지
아니 언제인가 너희가 짓는 논 떼라고 하길레
내가 막 야단쳤다
늘 아범에게도 고맙고 내일처럼
그렇게 돕는 이웃이 어디에 있겠니
너의 아범 어려서 내가 데려다 밥도 많이 먹이고
치마 폭에 쌀 됫박이나 숨겨 날랐지 있는게 뭐 있어

아범 어멈 그 여편네 고생 많이 했다
유월 뻐꾹새에 가을 기러기는 왜 그리 울며 나는지
그렇게 떠난 세월이여 그렇게 보낸 세월이고
어멈아 삯 바느질이라 생각 하지 마라 내 일이라 생각해
그리고 이 바느질 끝나면 집에 갈때
쌀 좀 퍼 가려무나 몇 뒤지 가득 저거 다 먹니
다른 사람 줄 것은 없어도 너희 줄 것은 많어
또 내일 모레 장날 할에비 장에 가거들랑
그날 자루 들고 오려무나 내 쌀 두 말 퍼 줄께
내가 그것 못 주겠니 그리고 어멈도 친정 처럼 드나들어
갔다 먹을 것 있으면 반찬도 퍼 가고
이제 이 바느질 끝났고 해 저무니 어서 가거라
아이들 에미 오나 기다린다 아범도 그렇고
어서 가
어서 가거라

뻐꾹새의 고향

들리는 뻐꾹새 울음
누가 아는 뻐꾹새의 그날일까
변함 없는 뻐꾹새 울음
앞산의 뻐꾹새 울음
가까운 듯 멀어지고 멀어진 듯 가까워지고
그 울음 멎듯 다시 멀어졌었지
바람이라도 불면 더 가느러니
그나마 끊겨 한 두 번 울음에 그쳤고

하늘 아래 뻐꾹새 고향
보리밭 양지 누릇 누릇
보리 이삭 바라보던 날
그 울음에 더 귀 기우렸었지
해 기울어 뉘엿 뉘엿 봇물에 손 씻을때면
이제 저무니 집에 가라 울었고
잊어도 못 잊을 뻐꾹새의 고향
오늘도 보는 하늘 구름 위에 없는다

현충일의 마음

밀려버린 무궁화꽃
어디에서 피고 있나

잃어버린 애국정신
탓에 숨어 무엇 하나

역사 앞에 못 할 짓
남과 북 무엇 하나

남과 북 우리 형제
통일의 길로 나가자

민족이여 동포여
일본의 마음을 다시 읽자

밤꽃

유월 보름 이맘때면
뒷동산 밤꽃 향기가
문틈으로 스며든다

들려오는 첫닭 울음
오늘일랑 어디에 가
고사리를 꺾어 올까

작년 기슭 찾아가면
더러 나와 자랐을까
그곳에도 밤꽃 향기

이곳 처럼 은근하게
냉기 타고 풍기겠지
팔자야 이 내 팔자야

외로움에 찾아온 산
고사리만 꺾어 담나
그 향기 어디에 담나

유월의 하늘

맑음에 파란 하늘
뻐꾹새 우는 숲
은빛 갈참나무 바람에 눕고
한 조각 구름 위 마음 얹어진다

구름 위에 얹는 마음
앞 뒤 없이 많은 날
그 많은 날의 기억들
산 넘는 저 구름 위 다 얹어질까

이 생각 저런 생각
잊었던 그날까지
적막 숲속의 파란 하늘
파란 허공의 하늘에 모두 뿌린다

유월의 꽃

날리던 아카시아의 꽃으로
이제 큰 나무의 꽃 밤꽃 하나
이 밤꽃 지고 나면 어느 꽃이 필까
푸서리의 들꽃만 그때 처럼 피겠지

그때 이맘때쯤인가
이 밤꽃 떨어지면 초여름도 끝
앞산 기슭 울던 뻐꾹새 떠나는 날
논 가운데 그 뜸북새 며칠이나 머물렀나

빠르기도 빠른 시간
반년의 그 많은 날 다 어디로
이 유월도 기우러지면 무더위가 기다리고
긴 장마의 물 난리 넘치는 물에 그 아우성이겠지

산딸기의 고향

먼 나라 고향의 시간
여기 이곳에 데려온 세월이 그리 멀던가요
고향 보다 더 멀고 먼 반세기였지요
기울어진 그 반세기도 더 멀어지고요
그 먼 반세기가 이제 저물어 가고 있어요

보릿고개 넘어 갈 무렵
그 울던 뻐꾹새 아직도 기다리고 있겠지요
산딸기 찾느라 밭둑 푸서리 헤칠때
기다림의 그 뜸북새의 논 적막 했고요
모두가 저문 세월 이제 노을저 가고 있어요

하루

길다 하면 길고
짧다 하면 짧은 세상
사람만이 길고 짧은
그러한 세상이 아닐까요

고무줄에 섞인 마음
무엇이 길고 짧았던가요
눈물과 그 기쁨이
그러하지 않았나요

밤 낮이 오고 가며
가리고 벗긴 세상
시간의 밤이고
세월의 낮이 되겠지요

횃불의 바다

들어 올 물이 언제 나갈까
내일 모레가 장날인데
한가로이 드러난 갯벌
밀물 미는 듯 갈매기 날고
이것 저것 준비에 어느새 들어온다

솜 방망이에 석유통 망태
낡았어도 신을 장화
담배 쌈지가 빠졌구나
또 뭐 있나 꽃챙이는 있고
기다림의 캄캄한 밤 어디를 찾을까

가물대는 먼 섬의 호롱불
어느 곳으로 가야 하나
잡어야 할 꽃게 박호지
갯고랑에 낙지 좀 있을까
장날의 꿈 호미 괭이 낫이 기다린다

• 2부 •

감자밭의 밤

쪼개는 씨감자의 그 마음인가
감자 씨와 눈 맞춤의 그날 밤인가
연두빛에 하얀꽃 하늘 바라보니
두둑 수북이 얼마나 매달렸나

밤새워 쪼개는 멍들었던 씨감자
퍼런히 움 돋을 듯 그 봄을 기다렸나
재 덮어 씌워 넣은 꿈 모은 씨감자
이파리에 숨은 꽃이 그 시간을 말해 주듯

굵고 큰알 새알만큼 작은 알
쓰일때 많은 큰 알은 솥에 쪄 먹고
새알만큼 작은 알은 어디에 쓸까
굵고 작게 매달려 그 손길 기다린다

유월의 뜰

유월의 이 한 달
그 잠깐 그렇게 꽃 피우더니
이제 이 유월이 기울어 가는구나
다가 오는 칠 팔월
몇 날 며칠의 여름이 될까

이 유월도 흐지부지
마지막 날에 접어 들면
남은 달 반에 찬 바람 날 것인데
그 달반 지나기가 그리 멀던가
모기 몇 번 쫓다 보면 그날이 오는 것을

외로운 노을

내가 아는 누구였고
누가 아는 나였나
하나 둘씩 끊긴 이웃
잇자 하니 이을 수 없고
보고 싶어 만나자 하니
그 눈치가 돌아선다
잊지 않고 잃는 세상
가치가 떨어지면
그렇게 되는 것인지
가깝고도 먼 이웃
친구는 안 그런가
그 세월의 바위 틈
박힌 뿌리가 갈라 놓듯
시간의 뿌리에 날마다 멀어지니
한 철에 피던 꽃 처럼
이제 지는 것이 아닌가
지워지는 지난 날
걷는 길 노을에 얹고
그 많던 날에 나 아는 이
모두 모아 꿈 속에 넣는다

개구리의 편지

동무야
이그러진 너의 모습
변해도 그렇게 변할 수가
네가 보는 나도 그렇겠지
내가 보는 나도 그런데
어떻게 안 변하겠니
마음은 아닌데 서럽기만 하구나

세월 건너편 그 시간들
세월이 흐르면 이런 것이니
감자밭 수수밭은 안 변했는데
엊그제 그 모습이 이 모습이구나
더 먼 기억으로 더듬어 보면
입던 옷 그대로 어릴 적 모습
사진 속 그 모습 다 어디 갔니

동무야
이제 다 지워지나봐
늙음에 부끄럽기도 하고
실망스런 너와 나의 모습

그저 세월만 원망하니
그 시절이 다시 올까
흐려진 지난 날 나 잊지 않고 있어

귀향

그 젊어 떠난 고향
타향이 몇 곳인가
떠돌고 돌다 저문 인생
인생만 저물었나

거짓에 털리고
인심에 속은 세상
빈 손 빈 몸 이 몸 끌고
어디로 가야 하나

여름꽃

여름날 우리의 꽃
여기 저기 우리의 꽃 다 어디 갔나
고향을 잃었는지 관심 못 받아 그런지
풀숲에 듬성 듬성 옛날 같지 않고
이맘때가 되어도 그리 많지 않다
산으로 들로 건너는 냇둑 길까지
그리 많이 피어었는데

밀려난 우리의 꽃
꽃밭은 안 그런가 꽃밭도 못 보았던 꽃으로
뜨락 앞 꽃밭에 그리 조용히 우리의 꽃이었는데
채송화 봉숭아 그리고 과꽃 장독대의 수국
이른 아침 피었던 나팔꽃도 그렇고
더러는 메꽃도 담 밑에서 가냘펐는데
여름날 그날 우리의 꽃 보고 싶어라

외로운 뜰

그늘 안 마루 끝이 그리 멀던가
비켜선 그림자 지붕 위로 넘어 가고
뜨락의 까막개미 하루가 바쁘다
흙 물어 내밀고 먹이 물어 나르고
한 세월 이 젊음 이 젊음은 안 그랬나
살아온 이 인생과 무엇이 다를까

그렇게 보낸 세월 저렇게 지난 하루
그 시간이 데려온 곳 이 곳이 그곳인가
아침 걸러 점심이면 어느새 저녁
잠 안 오는 뜬 눈의 밤 밤은 왜 그리 길기만한 것인지
마루 끝의 머나먼 길 내일이 짧고
얻어 먹을 저녁 끼니 어두울 밤이 두렵다

소라의 등대

저 먼 곳의 저 섬도
가까이 이 섬도
둘만의 섬 그 섬이었는데
영원하자 약속 했던
소라 조개의 섬이었고

언제인가 몇 해 전
미련 따라 찾았던 곳
이제 그 모래성 누가 쌓을까
흐려진 그 옛날 파도에 묻히고
소라의 먼 훗날 홀로 남는다

뜸북새의 일기

이 산 기슭 약속의 다랑이 논
작년의 이 고향 다시 찾았고
찾아온 이 기슭 오늘을 읽는다

다음날 이 다음날
여기 이곳 떠나면
이 나의 일기를 누가 읽어 줄까

적막한 기슭 뜸북새의 고향
울어도 울어도 듣는 이 없고
뜸북새의 기다림 쓸쓸히 잠든다

산골 소녀

엄마 따라 가는 장날
그날이 언제 올까
장독대 언저리에 봉숭아꽃 곱게 피고
뜨락에 한 두포기 그 꽃도 예쁘다

연분홍에 붉은 꽃잎
또 하나는 바랜 꽃잎
분홍 꽃잎 붉은 꽃잎 헌 그릇에 모으고
곱제 곱게 찧어 손톱마다 동겨 맸다

실오라기의 꿈인가
자랑의 장날인가
동겨맨 손톱의 밤 군은 손 조심스럽고
풀어 보여 줄 내일 장에 잠이 안 온다

고향의 별

고향의 여름밤
별 세이던 여름밤
고향의 그 여름밤을 어찌 잊을까

이쪽 별 저쪽 별
세다보면 또 나오고
은하수에 꿈 묻으며 잠들었던 밤

마당 끝의 그날
멍석 위의 그날
따 모은 별 아직도 가슴에 남아 있다

유월의 석양

이 유월도 흐지부지 뜨거울날만
다가 올 그 칠월 얼마나 뜨거울까
벗어도 더 벗을 것 없이 뜨거운 칠월
겨울의 반대 편은 늘 그래야 하는지
들녘으로 보면 그리 뜨거워야 하고

이제 칠월 문턱 들어서는 날
뜸북새 떠날 차림에 무엇이 놓일까
먹을 것 많은 칠월 반찬도 그렇고
보릿고개도 넘겼 것다 복 다림에 몸 보신
부채의 그늘 찾아 어디로 가야 하나

6.25의 0시

우리끼리 싸워 이긴
그 훈장이 자랑스럽던가

흔들리는 일본의 마음
남과 북 무엇 하나

한 핏줄의 남과 북
우리 형제 무엇 하나

독도 뜰 앞 대마도
일본을 다시 보자

여름 아이들

뜨거운 한낮
그리 더워도 더운 줄 모르고
푸서리에 긁혀도
한 번 문지르면 그것으로 끝
냇둑 길 따라 개구리 잡이
봇물에 풍덩 물놀이에 즐겁고

참외밭 지날적에
곁눈질에 노란 참외들
그 참외 보고만 지났을까
옥수수 수염 모으는 아이들
매미 울음에 섞인 다툼으로 우는 소리
여름 방학의 일기를 그렇게 썼다

뱃길의 노을

설레임의 여름 바다
어느 바다를 찾을까
잊은 섬 찾아야 마음 아프고
다른 섬 찾자 하니
쓸쓸 할 것만 같다

섬 아닌 육지의 바다
그 곳은 안 그럴까
뱃길 따라 가던 못 잊을 섬
그 곳에 다시 한 번
옛날이 보고 싶다

바람의 시간

마루 끝 이 세월
저 바람이 만든 시간인가
그 시간이라도 알리는 듯
앞산 나무가지 휘어 이리 저리 눕히고

짝 짓는 꾀꼬리
저 울음 소리 언제 멎을까
맑기도 맑은 꾀꼬리 울음
댕기머리 적 목소리 나도 그랬었는데

더 욕심이라면
말 할 것 없이 부끄럽기만
누가 들을까 더 부끄럽고
모두 잃은 세월 나 지금 무엇하고 있나

가랑비의 뜰

서너날의 궂은 날
처마 끝 낙숫물 나뉜 시간으로 떨어지고
바라보는 마음도 나뉘어 섞인다
어제의 그 마음 오늘의 이 마음
그리고 내일의 먼 마음
넋 잃은 이 마루 끝 어느 세월에 접어 들었나

굵은 빗줄기라면
눈 씻어 마음에 넣고 그 소리는 안 그런가
귀에 담아 가슴으로 흘릴 것인데
웅크린 제비의 처마 밑 한 나절
같은 마음의 제비일까
가랑비에 젖는 마음 이 한 나절 기울어 간다

비의 은혜

비 안 와도 걱정
많이 와도 걱정
때 맞춤의 량이 언제 될까
하늘을 올려 보는 마음
목 마르니 기다리고
휩쓸리니 싫어 했나

많어도 적어도
내려야 하는 비
하늘이 내린 그 약속인가
내려야 한다 내려야 해
안 내리면 아니 될 비
그리 꼭 내려야 한다

칠월의 그림자

넘어선 칠월 문턱
덥다 하는 그날이 며칠이 될까
구름 들고 비 오는 날 그 며칠 제하면
그나마 기울어 끝자락이 될 것이고
팔월도 이럭 저럭 열흘 지나 닷새 되면
문바람 냉기가 이불 덮어 주겠지

늙음의 시간이라
한 달이 하루 같은 늙음의 시간
젊음이 그 시간을 얼마나 헤아릴까
내일도 많고 모레가 긴 젊은이들
이 칠월도 기울면 왔던 철새 떠나겠지
아직은 부채질 며칠 남은 칠월일까

외로운 산딸기

여기의 이 산 기슭
산딸기만 찾았겠나
찾으려는 산딸기 보이지 않고
아랫 녘의 다랑이 논만
적막 속에 고요 했다

누가 이 산 기슭을
이맘때면 찾았겠나
외로이 찾은 기슭 아무도 없고
비둘기 울음 두 서너 번
긁힌 손만 쓰라렸다

• 3부 •

나에게 쓰는 편지

섬마을에서 산골까지
그저 아련히 어머니의 품만 기억에 있을뿐
먼 바다 깊은 산골 다 어디에 두고 여기에 왔는지
보릿고개 넘을 무렵 사발에 넣을 꿈도 그렇고

어릴 적 바라보던 철 따라 피는 꽃에 날아 가는 철새들
이제야 눈 안에 들어와 더 멀리 가물 대는 시간일까
한 몫에 들어 오는 것도 아니고 하나 둘 들어와 풀려 나가는지
시간이 감추고 세월이 덮으면 다 그런 것인가

그 삶 찾느라 이곳 저곳
어느 삶을 찾았는지 알 수 없는 끝이 여기의 이곳이기에
지나온 길 걷기를 그 길도 꿈이 되고 가야 할 짧은 날
오늘도 올려 보는 하늘 마음의 뜰에 그림자 들어 온다

구름의 꿈

파란 하늘에 뭉게 구름
뭉게 구름 밖 꽃구름 들어 오고
들어와 그리는 그림에는 모습 없는 모습도 있다
한 쪽에는 바위 그림 또 한 곳은 비늘 그림
무엇인가 알 수 없는 흉상도 그려 있다

이 여름 하늘에 뭉게 구름
누구라도 나와 함께 볼 수 있다면
가까이는 아니어도 함께 볼 수 있다면
뭉게 구름에 숨어 손짓 하는 것 같은 모습
바라보는 이 마음 눈 못 떼며 바라본다

인연의 칠월

논 가운데 뜸북이 뻐꾹새 떠나는 날
그날을 누가 알고 미리 짚을까
슬며시 그렇게 먼 나라 찾아 가는 것을
이 다음에 여기에 오면 제 찾았던 곳 기억 할까

뜨거워 찾은 그늘 찾아도 별수 없네
내려 보이는 신장로에 누가 저리 올라 올까
삽 메고 물꼬 보는 이는 뉘집 머슴이고
분명 윗뜰 홀아비 머슴이고 그 방물장수일진데

오늘 한 번 둘 붙들어다 중매나 서보자
방물장수 저 여편네도 혼자 된지 꽤 오래 됐는데
머슴은 그 사정에 내가 뻔히 알고 있고
팔자도 그런 팔자 가엾기도 하지

방물장수 오면 그 여편네 붙들어 놓고
머슴 들어 오면 불러다 이야기 좀 해보자
내가 여기서 지켜 보고 있을 것인데
언제 물꼬 보고 이곳을 지나려나

소라의 구름

소라의 옛 이야기
파도에 묻히고
하얀날에 소라의 꿈
바위에 부딪친다

소라의 먼 바다
내일 다시 찾아 오면
그날 처럼 들려 줄까
소라의 하얀 날
하얗게 부서진다

고향 언덕

잃어버린 고향
그때는 몰랐는데
고향 그림만큼이나 아름다울까
두고 두고 볼 수 있는 가슴에 새겨진 그림을

어느 것 하나
어느 그림을 빼놓을 수 있을까
어릴 적 보았던 아련한 그 그림을
자라서는 안 그럴까 가슴 속에 새겨진 그림

봄날에 보리밭
여름날 파란 들녘에 철새 울음
물 놀이에 하늘 올려 보며
뭉게 구름에 꿈 묻었던 그 어린 시절이었고

가을날 겨울날
연시 알암 그 잠깐 낙엽 우수수
곱던 단풍 모으며 바라보던 하늘의 새털 구름
겨울날 눈 소복이 고드름에 저녁연기 피어 올랐지

시계의 밤

밤 깊어 어두운 밤
심장 소리 모으느라
저리 멈추지 않는지

이 나의 심장 멎으면
너의 소리도 멈출까
너의 소리 멎으면
나의 심장이 멎을까

너의 소리 멎어도
나의 심장은 뛰겠지
나의 심장 멎으면
너의 소리는 0

초침만이 아는 시간
누가 아는 다음일까
눈 감은 이 밤 내일은 있는지

칠월의 마음

남은 반 년 단풍 곱게 물들어
낙엽 우수수 떨어지는 날
반 년이라는 시간이 며칠이 될까
더우니 부채를 쥐긴 쥐었는데
꽃으로 보면 그것도 아니고
부채 놓는 날 찬 바람 불겠지

그러다 서늘하여
팬 벼 이삭 고개 숙일 것이고
그러면 방문 닫어야 할 가을인가
팔월도 반밖에 더워야 며칠이나 더울까
부지런한 개미 떼의 뜰 너머
들어 오는 뭉게 구름 비켜 가는구나

댑싸리의 꿈

베짱이 앉힌 댑싸리의밤
바라보는 별마다 더 영롱 했고
은하수 멀리 그리움도 함께 했다
반딧불 이리 저리 논 넘나드는 밤
유화등 가물 가물 누구의 꿈 모았나

모은 꿈 하나 둘 은하수에 올리는 밤
멍석 위 깊은 밤 맡은 별 외로웠고
동쪽 별 서쪽 별 은하수 건너는 밤
또 하나의 어느 별이 이 나의 별이 될까
꿈 모은 유화등 더 멀리 멀어졌다

노을의 꽃

잊으면 잊어질까
잃어버린 그날을
아픔이 되어 버린 날
모두를 추억으로
아물려야 하는지

몇 번의 편지에 담은
그 아름다운 날
한 번 더 기다림에
못 보내고 기다렸것만
이제 접고 찢어야 하는지

어머니의 부채

한낮 그리 덥더니
밤이 되어도 그렇구나
칭얼대는 우리 아가
어디가 불편한가
기저귀도 갈아 주었고
다라이 목욕도 했는데

모기가 뜯어 그러나
땀띠가 돋아 그러나
마루가 모자라는 듯
그렇게 눈 맞추며 잘 놀더니

어두우니 칭얼대는구나
에미가 뭘 잘못 했나
배가 고파 그럴수도
암죽이나 끓여 줄까
허긴 배고파 그리 칭얼대겠지

아파서는 아닌 것 같고
아가야 기다려 맘마 해 줄께

그리고 업거든 고온히 잠들거라
부러진 부채 살 고쳐 놓았어
아가야 맘마 해 줄게

초가의 그날

까맣게 끄을린 부엌
조상의 손때만큼이나
끄으름 앉은 부엌
큰 솥 작은 솥 화둑은 밖에 있고
무너질듯한 굴뚝 아래
농기구에 겹겹이 앉은 그 먼지
굴뚝과 울타리 사이에 왕거미 줄도 걸쳐 있었다

화둑 솥에 찌는 감자 옥수수
부엌 솥에 푹 무른 보리밥
여름 반찬에 오이 생채부터
묵은 고추장에 열무김치
오이 냉국에 아욱국은 없겠나
된장에 풋고추 그리고 짱아찌
그렇게 멍석 위 저녁 밥상은 노을에 젖어 들었다

칠월의 근심

마당 끝 저 두꺼비 어디를 가나
찾아 갈 곳은 있는지
제 집도 없을 것인데
어디를 저리 부지런히
지렁이 길 가로 질러 어디로 가나

문 밖 마당에 깔린 날
이 칠월 지나 팔월이면
며칠의 여름이 될까
가랑비 속에 보는 마당
이 눈 안의 어제 오늘
그것이 세월이고 시간이란 말인가

근심 아닌 근심의 무거움
눈 못 떼는 넋의 마음 더 무겁고
나뉘어 떨어지는 낙숫물 소리
하염없이 바라보는 마당 끝의 옛날인가
풀이파리의 빗방울 끝으로 몰리는구나

여름 바다

여기가 그곳인가
그 해의 여름 처럼
갈매기 울음 파도 소리 변함 없고
다녀 갔던 바위도 그대로 있다

잃고 잊은 것 없는 몸
무엇 찾아 여기에 왔는지
있다면 단 하나
옛 시간 찾아 온 것뿐

얼마 전의 여름에도
홀로 찾지 않았나
겹겹이 오는 파도 바위에 부딪치니
하얀 거품 더 하얗게 한 겹이어도 저럴까

흔적 없는 뱃길 따라
들어 오는 흰 구름
등대의 섬 저 멀리 이곳까지 언제 올까
힘들어 찾아온 섬 파도만이 밀려 온다

툇마루의 꿈

철새 울음이 안은 세월
저 흐르는 구름이 듣고나 지나는지
먼저 가니 뒤 따라 오라 하면
그 뒤를 따라야 할 철새들인가
봉숭아 꽃잎에 젖어 드는 마음
물들였던 이 손톱이 구부러져 얼룩 질수가
손등은 그나마 손톱에 낀 때만큼이나
얇아진 이 종이 살갓에 무엇이 들어 있겠나

작은 바람에 팔랑대는 뜨락 방초 잎사귀
아침 저녁으로 바라보면 이슬 앉혀 있고
한낮에는 언제 그랬더냐 그리 모르는 척
툇마루 끝에 들려 오는 매미의 울음인가
내려 앉는 눈꺼플 못 올렸으니
그 헤매이며 단몽에 찾아간 곳
뚜렸한 한 곳 그 곳이 어디인가

고향 땅

버렸는지 잃었는지
이 몸 길러낸 흙이었는데
부족 했건 넉넉 했건
부족함에 더 그리운 고향
가슴에 새겨진 잊을 수 없는 날에
뼛속에 남은 그 그림들인가
그날을 어찌 잊고 들꽃 하나 외면 할까

바뀐 고향의 타향 살이
세월 장난에 도깨비 살림이라
이 삶 살어 보려 그리 마음 굳혔고
끝 마음으로 산등성이에 올랐는지
넉넉한들 세월 앞에 거짓이 아니던가
부딪치니 바뀐 표정 겉과 다른 타향 인심
눈 내리고 비 올 때면 더 생각 나는 고향인가
들길로 냇길로 펼쳐지는 저녁 노을
꿈에서나 다시 한 번 고향 땅 밟어 본다

바다의 노래

들려오는 파도 소리
내일이면 멎을까
고요한 섬 마을
수평선 바라보고
갯바위 찾은 갈매기
쓸쓸히 울어 댄다

크고 작게 보이는 섬
이 섬은 이런 모습
저 섬은 저런 모습
바라보고도 못 가본 섬
저 지나는 배 가 보았을까

살기는 누가 사는 것 같은데
누가 살고 있는지
가 보았다면 한 번쯤
소식 전해 주어도 되련만
그리 기다려도 못 전해 주는지
전해 오는 소식 없고 파도만 밀려 온다

텃밭의 노을

오늘 새벽 텃밭이나 가 볼까
점심 나절 뜨거워 동틀 무렵 나가 보니
어느새 훤히 밝아 채소마다 싱싱하다
옥수수 밑 열무 두렁 또 한 곳에 아욱 쑥갓
옆 귀퉁이로 오이 두둑 가지 몇 포기
상추는 더 있어야 하고 파 부추
이렇게 싱싱한데 한낮에는 그리 시드는지

가꾸워 놓은 이 채소 누가 다 먹나
아이들이라도 내려오면 더러 좀 나누렴만
어찌 그리 소식이 없는지 제 새끼 데리고 놀러 갔나
그래도 에미는 심을 때부터 몫 나누었고
날 가물어 물 주며 풀까지 뽑았는데
어찌들 그리 소식이 없는지
이제나 저제나 저녁 해 떨어지는구나

싸릿골

뜨겁기도 뜨거운 날
때 되면 이렇게 뜨거운 것인지
무덥고 후덥지근하기도 하구나
혀 내민 문간의 저 개는 안 그럴까

오늘일랑 뒷산이나 다녀 오자
아무리 더워도 할 일은 해야지
작년 처럼 그 골짜기 찾아가 볼까
가서 꼿꼿한 싸리 꼬쟁이 좀 베고

껍질도 두 서너 뭉치 벗긴 다음
내려 오는 길 칡 넝쿨 댕댕이 넝쿨 좀 걷자
그러면 한 나절에 해 기울어질텐데
준비 할 것이라고는 낫에 칼 또 뭐있나

그래야 소쿠리에 광주리 엮고
실패 바구니에 큰 일에 쓰일 과일 바구니 좀 엮지
때 놓치면 그나마 못 걷어 올 것인데
오늘 한 번 큰 마음 먹고 뒷산이나 가보자

여름 광

세월의 끄을림에 컴컴한 것인지 어두운 것인지
매달린 멍석 마름 위 거미줄 걸쳐 있고
빈 항아리 독 몇개 먼지 앉아 뿌옇다
여름에는 보리쌀 겨울에는 하얀 쌀
식구의 입이 몇이나 되나

칠 팔월 구월 남은 보릿고개
저 남은 보리쌀이 그 보릿고개 잘 넘겨 줄까
세상에 있는 것 다 있어도 사람의 입 다음 아닌가
메뚜기가 걷어 낼 광 안의 거미줄
몇 개의 쌀독 메뚜기의 소식 기다린다

등대의 밤

그저 들려 오는 파도 소리만
밀려 오니 보일까
부딪치니 보이나
등대불 가물 가물
저 곳이 그 섬이었는지

그때의 이맘때쯤이었나
가까운 것 같았는데
낮이어서 그러나
저 등대도 그렇고
어둠이 지워 놓은 바다

무엇 찾아 이 바위에 앉았나
쓸쓸한 바닷 바람
옷깃 쓸어 내리고
그 옛날도 오늘도
이 밤의 파도에 휩쓸린다

• 4부 •

노을의 꽃

바뀔 수 없는 날
지워지기는 했어도
바뀔 수 없었던 날
누가 아는 길이었고 그날이었나

모으고 모아도
이 오늘은 모아지는데
그날들을 모으려 하니
그나마 흩어져 토막으로 읾는다

토막져 흐려진 날
기억이 그 토막을 얼마나 모을까
실가닥 멀리 가물 가물
그 꽃 한 송이만 눈에서 아른 댄다

인생의 뜰

저무는 하루
이 하루만 저물겠나
닦아 엎어 놓은
흰 고무신도 저물고
세월 묻혀 비켜 서는
저 그림자도 저무는데

뜨락의 이 인생
이 인생은 무엇이 저무를까
나 모르게 숨어 나온
흰 머리가 알리는 몸
빠진 니에 숨은 세월
니는 알고 버려졌나

잇몸이 찾는 니
아프기도 아프구나
씹지 못한 이 음식
넘기면 받아 줄까
이것도 저것도 부끄러운 욕심
털어 내고 비우니 아무 것도 그 아무 것도

멀다 하는 북만산천
누가 아는 그곳인가
흘려 듣고 버린 산천
이 곳이 그 곳인가
졸음의 마루 끝
나 어디로 데려 가나

외로운 늙음

아는 이도 많았고
찾아 갈 곳도 많었다
누구의 연락이 나에게 닿을까
한때는 그렇게 나 찾던 사람들
없어서 못 만났고 있었어도 못 만났다

이제는 이웃도 친척이라 하는 핏줄도
힘 없어 못 찾으니 누가 나를 찾을까
핏줄이라 하는 친척도 어쩌다 한 번
법이 무서워 그렇지 않았나
내 속으로 낳은 자식도 눈치가 그런데

뭐 주어야 좋다 하고 도와 주어야 좋다 하는 이웃
더 무엇을 주고 도와 주어야 하나
집안의 핏줄도 낳은 내 아이도 구석으로 모는 세월
웃고 찾아 왔어도 겉치레 같은 눈치
그것을 왜 못 듣고 못 보았겠나

그저 모르는 체 보는 것 만이라도 좋아
그러니 저러니 표정 바꿔 웃음으로 돌리고

옛 이야기 물어 볼 것 조심 하느라 말 못하니
단 하나 그 경험담을 이야기 해도 안 듣는다
하 좋은 세상 좋은 세월 늪의 경험도 그런가

다 접어 두고 걱정 염려 안 해도 되는 것을
그래도 잘 되거라 조심 하라는 것인데
듣는 척도 안 하니 이야기 한들 무엇 하나
마지막으로 한마디 세월이 마냥 그 세월이더냐
오늘도 저문 하루 나의 갈 길 가련다

노을의 바다

미련이 그려 놓은 노을의 바다
누가 저 그림을 어떻게 그릴까
표현 할 수 없는 그림
덧칠 할 수 없는 물감
잊은 날 담아 그린
그날의 그림일까
저리 아름다울 수가

바라보면 볼 수록
그리워지는 마음
잃어버린 날 보다 더 아름답게
무엇으로 그린들 저리 그릴까
눈 떼지 못 하는 마음
모두를 다 잊으련다
이제 다 다 잊으련다

복날

덥기도 더운 여름
중복 날이 오늘인가 닭이다 개다
오늘 아니면 몇 번 먹는 고기일까
핑계 삼아 먹는 고기 한 두 번의 복날
일 년 내내 먹어야 몇 번을 먹겠나
세월 저 건너편 그 세월에 우리네 삶
우리의 음식 문화라 하니 그랬지 않았나

닭장 안의 닭도 그렇고
문간에 매어 놓은 정든 누렁이 개도 그렇고
복 날이면 떠나야 하는 날 닭 개가 알았겠나
그래도 좋다 하고 알 짓는 소리
문간의 개 사람이 좋다 하고 꼬리 치는 모습
앞 마당 화둑 솥에 물 끓이는 날
닭은 집에서 누렁이 개는 냇가로 그렇게 끌려 갔다

여름 갯벌

넓기도 넓은 뜰
바다의 뜰은 저리 넓은 것인가
들어오고 나가는 물 나간물에 드러난 뜰
조개 소라는 어디에 숨었는지
그래도 게는 들락 날락 숨었다 나오는데
어디에 숨었는지 바위틈에 붙은 굴 들어 올 물 기다린다

그러다 밀물에 물 들어오면
그 넓은 바다의 뜰이 언제 있었더냐
파도가 읽는 소라 조개의 이야기 들려오고
부딪치면 더 크게 하얀 물 거품으로
부서진 그 이야기 누구에게 전해 줄까
영원한 하얀 이야기 파도가 휩쓸어 간다

여름 들녘

약속의 여름 들녘
저 들녘이 가을이면
메뚜기의 들녘이 되겠지
새털 구름 높아라 참새의 들녘이고

아직은 파란 들녘
길고 짧은 매미의 울음
문간의 언니들 무엇하고 있는지
보릿짚 다듬어 서로 대어 보는 언니들

꿈 모아질 여치 집
우리 언니의 꿈이 담길까
삐뚤게 엮어 가는 언니들의 솜씨
늘어진 매미의 울음 울 넘어 들어 온다

젊은 날의 꿈

세상의 것이 귀와 눈 안으로 들어 올때
다 내 것 같았고 다음도 많었다
그러더니 어느 날 눈 밖으로 흘려지고
그 욕심 앞세워 다시 담으려 하니
욕심의 것은 있어도 나의 것은 없었다

바위섬의 파도

들어 오는 뭉게 구름
이 나의 그리움은 어디쯤 오는지
파도 따라 들어 오면 먼저 와 닿을 것을
바라보면 저 멀리 보이지 않고
먼저 닿은 파도만 하얗게 부서진다

등대 아래 저 먼 섬
저곳에 와 닿았나
뭉게 구름 뒤에 숨어 옛날을 찾고 있나
파도 따라 들어 오면 이 나의 손짓 보일 것을
그리워 바라보는 마음 그날만 밀려 온다

계절의 그림자

가는 여름 오는 가을
더워도 여름 속에 가을이 숨어 있고
아침 저녁 느낌이 그 시간을 알린다
아직은 더운 여름 며칠 있어 가을일까
기다리지 않아도 떠나고 오는 계절
계절은 그렇게 구름 같아야 하는지

강아지풀이 알리는 가을 문턱의 더운 여름
조금씩 조금씩 더 기울면 어떻게 하나
그래도 찬 물 끼얹는 여름이 좋은데
매미 울음의 끝으로 보내야 하는 여름인가
여름도 가을도 어중간한 무더위
느낌의 아쉬움에 가을이 다가 온다

최저 품삯

품삯이 적어
효도 할 수 없었고

그 품삯으로
아이를 못 낳았다

꿈 같은 둥지
어떻게 그 둥지를

주눅의 월세
한 달이 무서웠다

문간의 세월

열린 문의 바깥 세상 저기가 어디인가
뭉쳐 온 이 마루 끝 볕 들어 뜨거우니
천리 같은 저 문간 어떻게 가야 하나
그래도 바람 쐐러 가긴 가야 하는데
바라보니 멀고 가자 하니 힘 없다
나무떼기 집어 들고 욕심에 끌고 온 몸
멍석이라도 깔렸으면 눕기라도 하는 것을
말 안 듣는 아이들이 무엇을 알겠나
걸린 똬리 내려 먼지 문질러 앉으니
그 잠깐 앉은 몸 엉덩이 뼈 박힌다
허긴 그것도 그럴 것이 마른 살에 뼈만 남았으니 그럴테지
이 세월 저 세월 그 세월에 살기도 오래 살었지 뭐
갈 때가 되긴 된 것 같은데 이렇게 안 가지는 몸
몸뚱이가 말을 안 듣는데 더 오래 살면 무엇 하나
얻어 먹는 밥 한 끼니에도 눈치가 보이고
입맛대로 먹자 하니 뒤가 귀찮다
이래서 거르고 저래서 거른 끼니
때에 넣은 밥 한 숟가락이 그대로일까
입맛 없다 거짓에 더 거른 끼니
무엇을 입에 넣어 허기를 채울까

사람도 그립고 허기에 끼니는 아직 먼 시간
뭐 주나 바라보는 저 누렁이 개와 무엇이 다른가
하루 하루 보내는 시간 말 안 듣는 몸이어도 옛날이 찾아 오고
어떻게 하다 잃은 세월이고 무엇 하다 잃은 세월인지
어디에다 대고 누구에게 말을 할까
잣대로도 잴 수 없는 기억 눈금의 그날들
허기에 저무는 해 문간 바람이 춥다

징검다리의 구름

뻘겋게 불어난 물
그 가뭄에 없던 물이 이렇게 많을 수가
볼 수록 빠르게 둑 밖으로 넘치더니
흙이고 풀이고 나무까지 뽑아 휩쓴다

하룻밤에 내린 비
더 많이 불어나면 큰일 날 것 같은 마음
다행이 잦아들어 넘치던 물 멈추고
먹구름 걷힌 하늘 뭉게 구름 들어 온다

징검다리 아래로
이렇게나 맑고 깨끗한 물로 바뀔수가
하늘도 파란히 뭉게 구름만 떠 있고
징검다리 휘감아 도는 맑고 깨끗한 물

구름은 안 하얄까
산더미의 뭉게 구름 더 크게 피어 나고
발 담궈 본 냇물에 몸 담고 싶은 마음
구름도 냇물도 모두가 그때의 것 같았다

먼 산 바래기

이웃이 모르는 먼 산 위의 하늘 길
무엇이 있어 보는 것도 아니고
한숨에 보는 산 봉우리도 아니다
그저 언제부터인가 바라보는 하늘 길
뭔지 모를 생각은 산 봉우리에 걸쳐 있고
그 마음에 보는 눈은 허공에 떠 있다

먼 산 바래기라 하는 이웃
저 산 봉우리를 몇 번이나 보았나
웃음에 가려 눈물로 그 몇 번을
그냥 이렇게 바라보는 먼 하늘
밤이면 달과 별이 낮이면 구름 위의 하늘이
어느 날은 외기러기 산 넘으며 멀어졌다

고향의 섬

이 쪽의 저 곳이
가보고 싶던 섬이었고
아래로 저곳은
나 자란 섬이었다

그렇게 보낸 시간
저렇게 보낸 세월
오가는 이 아무도
파도 소리 변함 없었고

어쩌다 들려 오는
밀물에 갈매기 울음
바라보면 먼 고깃배
그 섬 둘레를 지나 갔었지

흐릿한 섬 만큼이나
멀어져 간 나 자란 섬
어머니의 바다는 어디에 있었고
이 나의 바다는 어디에 있었나

싸리 문 밖 나가면
어머니의 굴 껍데기가 쌓여 있는 집
바람에 꽃 여미는 돌담 해당화의 그날인가
어머니의 바다는 그 꽃에 있었다

여름 그림자

이제 며칠 있어 이불 끌어 당길까
눈으로는 안 보여도 느낌이 다르고
웅달녘에 부는 바람 그 바람이 알린다
덥다 무덥다 하던 날 이렇게 다를 수가
느낄 듯 못 느낄 듯 누가 아는 느낌일까
시계 바늘에 얹어진 삶 날마다 그 시간
더 앞서는 풀이파리 씨앗 맺기에 바쁘다

가을이라 할까 절기라 부를까
부르기에 부끄러운 아직은 더운 여름
더운 느낌이 아닌 따가워야 가을인가
텃밭을 들여다 보면 그리 불러도 괜찮고
더 있어야 하는 가을 디딤 돌이 언제 될까
기다리는 것이 아니라 주눅 드는 시간
매미 울음 더 멀리 그 시간을 부른다

구름의 바다

눈 뗄 수 없는 긴 한숨의 바다
저 바다를 어떻게 이 눈 안에 다 넣을까
바람도 시원히 긴 한숨에 더 마시고 싶고
구름도 뭉게 구름 무엇인가 얹고 싶다

들어오는 갈매기 못 담았던 파도 소리
저 갈매기의 울음을 어느 곳에 담을까
걸터 앉은 바위 아래 흔적 없는 이 백사장
누구라도 한 번쯤 다녀 가지 않을런지

다음에 이 다음 날 다시 찾아오면
누구의 작은 흔적이라도
떠 밀려 온 소라 조개의 외로운 바다
섬 지나는 구름 더 멀리 멀어진다

고향의 장마

그렇게 물난리를
내리기도 많이 내려
걱정 안 할 곳이 어디에 있겠나
들녘으로 집안으로 무너지고 휩쓸리고

쓸려 나간 논 밭둑
저 일을 다 어떻게 해야 하나
기울던 담 무너져 다시 쌓아야 하고
지붕은 안 그런가   은 곳에 물 스며들어

방 마루에 물 떨어지니
대야 놓고 받아야 하는 물
고쳐야 할 지붕 이영 엮어 덮어야 하고
그것도 일 하자면 큰 일이 아닌가

간장 독 된장 항아리
물 들어가면 큰일
그 일은 어머니의 몫이고
떠 내려간 보 막이에 한숨이 나온다

등대의 노을

노을의 서쪽 하늘
붉어도 저리 붉을 수가
불타오르는 듯 더 붉게 짙어지고
들어오는 고깃배 하얀 흔적 지운다

등대의 밤이 되면
저 노을 다 어떻게 하나
등대 아래 보이던 섬 보이지 않고
노을의 먼 뱃길 다음 배가 지운다

그날

초판 1쇄 발행 2023년 8월 14일

지은이 이원문

펴낸이 임병천
펴낸곳 책나무출판사
출판신고 2004년 4월 22일 (제318-00034)

주소 서울시 영등포구 신길3동 325-70 3F
전화 02-338-1228 **팩스** 0505-866-8254
홈페이지 www.booktree.info

ISBN 978-89-6339-725-2 03810